Igor S

C000134933

Po

https://campsite.bio/unitedlibrary

Índice

Descargo de responsabilidad

Este libro biográfico es una obra de no ficción basada en la vida pública de una persona famosa. El autor ha utilizado información de dominio público para crear esta obra. Aunque el autor ha investigado a fondo el tema y ha intentado describirlo con precisión, no pretende ser un estudio exhaustivo del mismo. Las opiniones expresadas en este libro son exclusivamente las del autor y no reflejan necesariamente las de ninguna organización relacionada con el tema. Este libro no debe tomarse como un aval, asesoramiento legal o cualquier otra forma de consejo profesional. Este libro se ha escrito únicamente con fines de entretenimiento.

Introducción

Embárquese en un cautivador viaje a través de la vida y las revolucionarias contribuciones de Igor Fiodorovich Stravinski, el compositor y director de orquesta de origen ruso que dejó una huella indeleble en la música del siglo XX. Nacido en 1882, Stravinsky se inició en la música de la mano de su padre, un bajo cantante de ópera, y sentó las bases de su excepcional carrera. Su encuentro con Nikolai Rimsky-Korsakov y su colaboración con Sergei Diaghilev, el famoso empresario, prepararon el terreno para una revolución musical.

Las innovadoras composiciones de Stravinsky atravesaron distintos periodos, cada uno de los cuales reflejaba la evolución de su visión artística. El periodo ruso mostró influencias de los estilos y el folclore rusos, que culminaron en obras maestras como "La consagración de la primavera", una composición que redefinió la estructura rítmica y le dio fama internacional. La época neoclásica fue testigo de una fusión de temas clásicos y mitología griega, demostrada en obras como "Apollon musagète" y "Edipo rey". El periodo serial marcó un punto de inflexión, ya que Stravinsky adoptó técnicas de la Segunda Escuela de Viena.

A pesar de la resistencia inicial a la naturaleza vanguardista de su música, el impacto de Stravinsky en la música modernista fue innegable. Su enfoque revolucionario del ritmo y el modernismo inspiró a una generación de compositores, dando forma a las obras de Aaron Copland, Philip Glass y Béla Bartók, entre otros. Esta apasionante biografía explora el rico legado de Stravinsky, desde la emblemática "El pájaro de fuego" hasta las complejidades vanguardistas de sus composiciones posteriores, ofreciendo a los lectores un profundo conocimiento de un pionero musical.

Igor Stravinski

Igor Fiodorovich Stravinski (17 de junio [5 de junio] de 1882 - 6 de abril de 1971) fue un compositor y director de orquesta ruso nacionalizado francés (desde 1934) y estadounidense (desde 1945). Se le considera uno de los compositores más importantes e influyentes del siglo XX y una figura fundamental de la música modernista.

Su padre era un reputado cantante de ópera y Stravinsky creció recibiendo clases de piano y solfeo. Mientras estudiaba Derecho en la Universidad de San Petersburgo, conoció a Nikolai Rimsky-Korsakov y estudió con él hasta la muerte de éste en 1908. Poco después, Stravinsky conoció al empresario Sergei Diaghilev, quien le encargó tres ballets: El *pájaro de fuego* (1910), *Petrushka* (1911) y *La consagración de la primavera* (1913), el último de los cuales le dio fama internacional tras los disturbios que casi se produjeron en el estreno, y cambió la forma en que los compositores entendían la estructura rítmica.

La carrera compositiva de Stravinsky se divide en tres periodos: su periodo ruso (1913-1920), su periodo neoclásico (1920-1951) y su periodo serial (1954-1968). El periodo ruso de Stravinsky se caracterizó por la influencia de los estilos y el folclore rusos. *Renard* (1916) y *Les noces* (1923) se basaban en la poesía popular rusa, y obras como *L'Histoire du soldat* mezclaban estos cuentos populares con estructuras musicales populares, como el tango, el vals, el rag y el coral. Su periodo neoclásico exhibió temas y técnicas del periodo clásico, como el uso de la forma sonata en su Octeto (1923) y el empleo de temas mitológicos griegos en obras como *Apollon musagète* (1927), *Oedipus rex* (1927) y *Persephone* (1935). En su periodo serial, Stravinsky se orientó hacia técnicas compositivas de la Segunda Escuela de Viena, como la técnica de los doce tonos de Arnold Schoenberg. *In Memoriam Dylan Thomas (*1954) fue la primera de sus composiciones totalmente basada en esta técnica, y *Canticum Sacrum* (1956) fue la primera basada en una fila de tonos. La última gran obra de Stravinsky fueron los *Cánticos del Réquiem* (1966), que se interpretaron en su funeral.

Aunque a algunos compositores y académicos de la época no les gustaba la naturaleza vanguardista de la música de Stravinsky, especialmente de *La consagración de la primavera*, escritores posteriores reconocieron su importancia para el desarrollo de la música modernista. Las revoluciones rítmicas y modernistas de Stravinsky influyeron en compositores como Aaron Copland, Philip Glass, Béla Bartók y Pierre Boulez, todos los cuales "se sintieron impulsados a afrontar los retos planteados por [La Consagración *de la Primavera*]", como escribió George Benjamin en *The Guardian*. En 1998, la revista *Time* nombró a Stravinsky una de las 100 personas más influyentes del siglo. Stravinsky murió de un edema pulmonar el 6 de abril de 1971 en Nueva York.

Biografía

Primeros años, 1882-1901

Stravinsky nació el 17 de junio de 1882 en la ciudad de Oranienbaum (actual Lomonosov), en la costa sur del golfo de Finlandia, 40 km al oeste de San Petersburgo. Su padre, Fiodor Ignatievich Stravinsky, era un reputado bajo cantante de ópera de la Ópera de Kiev y del Teatro Mariinsky de San Petersburgo, y su madre, Anna Kirillovna Stravinskaya (*de soltera* Kholodovskaya; 1854-1939), natural de Kiev, era una de las cuatro hijas de un alto funcionario del Ministerio de Hacienda de Kiev. Igor era el tercero de sus cuatro hijos; sus hermanos eran Roman, Yury y Gury. La familia Stravinsky era de ascendencia polaca y rusa, y descendía "de una larga estirpe de grandes señores, senadores y terratenientes polacos". Se remonta a los siglos XVII y XVIII hasta los portadores de los blasones Sulima y Strawiński. El apellido original de la familia era Sulima-Strawiński; el nombre "Stravinsky" tiene su origen en la palabra "Strava", una de las variantes del río Streva, en Lituania.

El 10 de agosto de 1882 fue bautizado en la catedral Nikolski de San Petersburgo. Su primer colegio fue el Segundo Gimnasio de San Petersburgo, donde permaneció hasta la adolescencia. Después se trasladó al

Gourevitch Gymnasium, un colegio privado, donde estudió historia, matemáticas e idiomas (latín, griego, francés, alemán, eslavo y su ruso natal). Stravinsky expresaba su desagrado general por la escuela y recordaba haber sido un alumno solitario: "Nunca me crucé con nadie que sintiera verdadera atracción por mí".

Con unos ocho años, asistió a una representación del ballet *La Bella Durmiente* de Piotr Ilich Chaikovski en el Teatro Mariinski, lo que inició su interés por los ballets y Chaikovski. Stravinsky se aficionó a la música a una edad temprana y comenzó a tomar clases regulares de piano a los nueve años, seguidas de clases de teoría musical y composición. A los catorce años ya dominaba el Concierto para piano n.º 1 de Mendelssohn, y a los quince terminó una reducción para piano de un cuarteto de cuerda de Alexander Glazunov, quien, al parecer, consideraba a Stravinsky poco musical y tenía en poca estima sus habilidades.

Educación y primeras composiciones, 1901-1909

A pesar del entusiasmo y la habilidad de Stravinsky en la música, sus padres esperaban que estudiara Derecho. En 1901 se matriculó en la Universidad de San Petersburgo, donde estudió Derecho Penal y Filosofía del Derecho, pero la asistencia a las clases era optativa y, según sus propias estimaciones, asistió a menos de cincuenta clases en sus cuatro años de estudio.

En 1902, Stravinski conoció a Vladimir Rimsky-Korsakov, compañero de estudios en la Universidad de San Petersburgo e hijo menor de Nikolai Rimsky-Korsakov. En aquella época, Nikolai era sin duda el principal compositor ruso, y ejercía de profesor en el Conservatorio de San Petersburgo. Stravinsky quiso reunirse con él para hablar de sus aspiraciones musicales. Pasó el verano de 1902 con Rimsky-Korsakov y su familia en Heidelberg (Alemania). Rimsky-Korsakov sugiere a Stravinsky que no ingrese en el Conservatorio de San Petersburgo, sino que continúe con sus clases particulares de teoría.

A la muerte de su padre, en 1902, Stravinsky pasaba más tiempo estudiando música que derecho. Su decisión de dedicarse a la música a tiempo completo se vio favorecida por el cierre de la universidad durante dos meses en 1905 a raíz del Domingo Sangriento, que le impidió presentarse a los exámenes finales de Derecho. En abril de 1906, Stravinsky obtuvo un diploma de medio curso y a partir de entonces se concentró en la música. En 1905 había empezado a estudiar con Rimsky-Korsakov dos veces por semana y llegó a considerarle como un segundo padre. Estas clases continuaron hasta la muerte de Rimsky-Korsakov en 1908. Stravinsky completó su primera composición durante esta época, la Sinfonía en mi bemol, catalogada como Opus 1. En 1908, poco después de la muerte de Rimsky-Korsakov, Stravinsky compuso *Canción fúnebre, Op.* 5, que se interpretó una vez y luego se consideró perdida hasta su redescubrimiento en 2015.

En agosto de 1905, Stravinsky se comprometió con su prima hermana, Yekaterina Gavrilovna Nosenko. A pesar de la oposición de la Iglesia Ortodoxa al matrimonio entre primos hermanos, la pareja se casó el 23 de enero de 1906. Vivieron en la residencia de la familia, en el número 66 del canal Krukov de San Petersburgo, antes de mudarse a una nueva casa en Ustilug, que Stravinsky diseñó y construyó, elegida porque Stravinsky había pasado allí muchos veranos de niño con su suegro. Stravinsky trabajó allí en muchas de sus primeras composiciones, como *Canción fúnebre*, la revisión de *Feu d'artifice*, *El ruiseñor* y algunas partes de *La consagración de la primavera*. En la actualidad es un museo en el que se exponen documentos, cartas y fotografías, y en la cercana ciudad de Lutsk se celebra anualmente el Festival Stravinsky. La pareja tuvo dos hijos, Fyodor y Ludmila, que nacieron en 1907 y 1908, respectivamente.

Ballets para Diaghilev y fama internacional, 1909-1920

En 1909, Stravinsky había compuesto dos piezas más, *Scherzo fantastique, Op.* 3, y *Feu d'artifice* (*Fuegos artificiales*), Op. 4. En febrero de ese año, ambas se interpretaron en San Petersburgo en un concierto que marcó un punto de inflexión en la carrera de Stravinsky. Entre el público se encontraba Sergei Diaghilev, empresario ruso y propietario de los Ballets Rusos, que quedó impresionado por las composiciones de Stravinsky. Encargó a Stravinsky que escribiera algunas orquestaciones para la temporada de ballet de 1909, que se terminaron en abril de ese año. Mientras planificaba la temporada de ballet de 1910, Diaghilev deseaba poner en escena un nuevo ballet con nuevos talentos basado en el cuento ruso del Pájaro de Fuego. Cuando Anatoly Lyadov recibió el encargo de componer la partitura, informó a Diaghilev de que necesitaba aproximadamente un año para terminarla. Diaghilev preguntó entonces a Stravinsky, de 28 años, que ya había empezado a trabajar en la partitura en previsión del encargo. El *Pájaro de Fuego, de* unos 50 minutos de duración, fue revisada por Stravinsky en suites de concierto en 1919 y 1945.

El Pájaro de Fuego se estrena en la Ópera de París el 25 de junio de 1910, con gran éxito de crítica, y Stravinsky se convierte en una sensación de la noche a la mañana. Como su mujer estaba embarazada, los Stravinsky pasaron el verano en La Baule, al oeste de Francia. En septiembre se trasladaron a Clarens (Suiza), donde nació su segundo hijo, Soulima. La familia pasaría los veranos en Rusia y los inviernos en Suiza hasta 1914. Diaghilev encargó a Stravinsky un segundo ballet para la temporada parisina de 1911. El resultado fue *Petrushka*, basado en un cuento popular ruso protagonizado por el personaje titular, una marioneta, que se enamora de otra, una bailarina. Aunque no obtuvo la acogida inmediata que tuvo *El pájaro de fuego* tras su estreno en el Théâtre du Châtelet en junio de 1911, la producción continuó el éxito de Stravinsky.

Fue el tercer ballet de Stravinsky para Diaghilev, *La Consagración de la Primavera*, el que causó sensación entre críticos, compositores y espectadores. Basada en una idea que se le ocurrió a Stravinsky mientras componía *El pájaro de fuego*, la producción presenta una serie de primitivos rituales paganos que celebran la llegada de la primavera. La partitura de Stravinsky contenía muchos elementos novedosos para su época, como experimentos con la tonalidad, la métrica, el ritmo, la tensión y la disonancia. La radicalidad de la música y la coreografía estuvo a punto de provocar disturbios en su estreno en el Théâtre des Champs-Élysées el 29 de mayo de 1913.

Poco después del estreno, Stravinsky contrajo la fiebre tifoidea por comer ostras en mal estado y fue recluido en un asilo de París. Se marchó en julio de 1913 y regresó a Ustilug. Durante el resto del verano se centró en su primera ópera, *El ruiseñor*, basada en un cuento de Hans Christian Andersen, que Stravinsky había comenzado en 1908. El 15 de enero de 1914, Stravinsky y Nosenko tuvieron a su cuarta hija, Marie Milène (o Maria Milena). Tras el parto, Nosenko contrae tuberculosis y es internada en un sanatorio de Leysin, en los Alpes. Stravinsky se instaló cerca de allí, donde terminó *El ruiseñor*. La obra se estrenó en París en mayo de 1914, después de que el Teatro Libre de Moscú la encargara por 10.000 rublos, pero pronto quebró. Diaghilev aceptó que los Ballets Rusos la pusieran en escena. La ópera sólo tuvo un tibio éxito entre el público y la crítica, al parecer porque su delicadeza no respondía a sus expectativas tras la tumultuosa *Consagración de la primavera*. Sin embargo, compositores como Maurice Ravel, Béla Bartók y Reynaldo Hahn encontraron mucho que admirar en la artesanía de la partitura, e incluso afirmaron detectar la influencia de Arnold Schoenberg.

En abril de 1914, Stravinsky y su familia regresan a Clarens. Stravinsky no era apto para el servicio militar en la Guerra Mundial debido a sus antecedentes de fiebre tifoidea. Stravinsky consiguió hacer una breve visita a Ustilug para recuperar objetos personales justo antes de que se cerraran las fronteras. En junio de 1915, él y su familia se trasladaron de Clarens a Morges, una ciudad situada a seis millas de Lausana, a orillas del lago Lemán. La familia vivió allí (en tres direcciones diferentes) hasta 1920. En diciembre de 1915, Stravinsky debuta como director de orquesta en dos conciertos a beneficio de la Cruz Roja con *El pájaro de fuego*. La guerra y la posterior Revolución Rusa de 1917 impidieron a Stravinsky regresar a su patria.

Stravinsky empezó a pasar apuros económicos a finales de la década de 1910. Cuando Rusia (y su sucesora, la URSS) no se adhirieron al Convenio de Berna y las secuelas de la Primera Guerra Mundial dejaron a los países en la ruina, los derechos de autor por las interpretaciones de las obras de Stravinsky dejaron de llegar. Stravinsky, en busca de ayuda financiera, se dirigió al filántropo suizo Werner Reinhart, que aceptó patrocinarle y sufragar en gran parte la primera representación de *L'Histoire du soldat* en septiembre de 1918. En agradecimiento, Stravinsky dedicó la obra a Reinhart y le regaló el manuscrito original. Reinhart siguió apoyando a Stravinsky cuando financió una serie de conciertos de su música de cámara en 1919. En agradecimiento a su benefactor, Stravinsky dedicó sus *Tres piezas para clarinete solo* a Reinhart, que era clarinetista aficionado. El 15 de mayo de 1920, Stravinsky viajó a París para asistir al estreno de *Pulcinella, de los* Ballets Rusos, y regresó a Suiza.

La vida en Francia, 1920-1939

En junio de 1920, Stravinsky y su familia partieron de Suiza hacia Francia, instalándose primero en Carantec durante el verano mientras buscaban un hogar permanente en París.

Pronto tuvieron noticias de la modista Coco Chanel, que invitó a la familia a vivir en su mansión de París hasta que encontraran su propia residencia. Los Stravinsky aceptan y llegan en septiembre. Stravinsky y Chanel se convirtieron rápidamente en amantes, pero el romance fue breve y terminó en mayo de 1921. Chanel ayudó a garantizar la reposición de *La consagración de la primavera* por los Ballets Rusos en diciembre de 1920 con un regalo anónimo a Diaghilev por valor de 300.000 francos.

En 1920, Stravinsky firmó un contrato con la empresa francesa de fabricación de pianos Pleyel. Como parte del acuerdo, Stravinsky transcribió la mayoría de sus composiciones para su piano reproductor, el Pleyela. La empresa ayudó a Stravinsky a recaudar los derechos mecánicos de sus obras y le proporcionó unos ingresos mensuales. En 1921, le cedieron un estudio en su sede de París, donde trabajó y recibió a amigos y conocidos. Los rollos de piano no se grabaron, sino que se marcaron a partir de una combinación de fragmentos manuscritos y notas manuscritas de Jacques Larmanjat, director musical del departamento de rollos de Pleyel. Durante la década de 1920, Stravinsky grabó rollos de piano Duo-Art para la Aeolian Company en Londres y Nueva York.

Stravinsky conoció a Vera Sudeikin en París en febrero de 1921, mientras estaba casada con el pintor y escenógrafo Serge Sudeikin, e iniciaron un romance que llevó a Vera

Sudeikin a abandonar a su marido en la primavera de 1922.

En mayo de 1921, Stravinsky y su familia se trasladan a Anglet, una ciudad cercana a la frontera española. Su estancia duró poco, ya que en otoño se instalaron en la cercana Biarritz y Stravinsky terminó sus *Trois mouvements de Petrouchka*, una transcripción para piano de fragmentos de *Petrushka* para Artur Rubinstein. Diaghilev le pide orquestaciones para una reposición de *La Bella Durmiente* de Chaikovski. Desde entonces hasta la muerte de su esposa en 1939, Stravinsky llevó una doble vida, dividiendo su tiempo entre su familia en Anglet, y Vera Sudeikin en París y de gira. Al parecer, Nosenko soportó la situación de su marido "con una mezcla de magnanimidad, amargura y compasión".

En junio de 1923, se estrena en París el ballet de Stravinsky *Les noces,* interpretado por los Ballets Russes. Al mes siguiente, empieza a recibir dinero de un mecenas anónimo de Estados Unidos que insiste en permanecer en el anonimato y sólo se identifica como "Madame". Prometieron enviarle 6.000 dólares en el transcurso de tres años, y enviaron a Stravinsky un cheque inicial de 1.000 dólares. Robert Craft, alumno de Stravinsky más tarde, creyó que el mecenas era el famoso director de orquesta Leopold Stokowski, a quien Stravinsky había conocido recientemente, y teorizó que el director quería ganarse a Stravinsky para que visitara Estados Unidos.

En septiembre de 1924, Stravinsky compra una nueva casa en Niza. Allí, el compositor reevalúa sus creencias religiosas y se reencuentra con su fe cristiana con la ayuda de un sacerdote ruso, el Padre Nicholas. También pensó en su futuro, y aprovechó la experiencia de dirigir el estreno de su Octeto en uno de los conciertos de Serge Koussevitzky el año anterior para consolidar su carrera como director de orquesta. Koussevitzky pidió a Stravinsky que compusiera una nueva pieza para uno de sus próximos conciertos; Stravinsky aceptó un concierto para piano. El *Concierto para piano e instrumentos de viento se* estrenó en mayo de 1924 con Stravinsky como solista. La obra fue un éxito y Stravinsky se aseguró los derechos exclusivos para interpretarla durante los cinco años siguientes. Stravinsky visitó Cataluña en seis ocasiones, y la primera vez, en 1924, después de ofrecer tres conciertos con la Orquesta Pau Casals en el Gran Teatre del Liceu, dijo: "Barcelona será inolvidable para mí. Lo que más me gustó fue la catedral y las sardanas". Tras una gira europea durante la segunda mitad de 1924, Stravinsky realizó su primera gira por Estados Unidos a principios de 1925, que duró dos meses. Comenzó con un programa exclusivamente Stravinsky en el Carnegie Hall.

En 1926, Stravinsky se reincorpora a la Iglesia Ortodoxa, conmovido por una ceremonia en la Basílica de San Antonio de Padua durante una gira de conciertos de primavera. En mayo de 1927 se estrena en París la ópera-oratorio *Edipo Rey*. Su producción fue financiada en gran parte por Winnaretta Singer, Princesa Edmond de Polignac, que pagó 12.000 francos por un preestreno privado de la obra en su casa. Stravinsky entregó el dinero a Diaghilev para ayudar a financiar las representaciones públicas. El estreno en el Théâtre Sarah-Bernhardt recibió una reacción negativa, que según el pintor Boris Grigoriev se debió a su suavidad en comparación con *El pájaro de fuego,* lo que irritó a Stravinsky, que había empezado a sentirse molesto por la fijación del público con sus primeros ballets. En el verano de 1927, Stravinsky recibió un encargo de Elizabeth Sprague Coolidge, el primero de Estados Unidos. Coolidge, una rica mecenas de la música, solicitó una partitura de ballet de treinta minutos para un festival que se celebraría en la Biblioteca del Congreso, por un precio de 1.000 dólares. Stravinsky aceptó y escribió *Apollo*, que se estrenó en 1928.

Tras la muerte de Diaghilev en 1929, Stravinsky continuó sus giras por Europa, estrenando su Capriccio para piano y orquesta en la Salle Pleyel el 6 de diciembre e interpretándolo posteriormente en muchas ciudades europeas. Stravinsky estuvo de gira durante la mayor parte de 1930 a 1933, componiendo también sus

Sinfonías para instrumentos de viento por encargo de la Orquesta Sinfónica de Boston y su Concierto para violín en re para Samuel Dushkin. Tras la gira de este último con Dushkin, Stravinsky se inspiró para transcribir algunas de sus obras para violín y piano, y más tarde realizó una gira de estas transcripciones en "recitales" con Dushkin. El 30 de mayo de 1934, los Stravinsky adquirieron la nacionalidad francesa por naturalización. Ese mismo año, se mudan a una casa en la Rue du Faubourg Saint-Honoré de París, donde permanecen cinco años. El compositor utilizó su nacionalidad para publicar sus memorias en francés, tituladas *Chroniques de ma Vie* en 1935. Su única composición de ese año fue el *Concierto para dos pianos solistas*, escrito para él y su hijo Sviatoslav utilizando un piano doble especial que Pleyel había construido. La pareja completó una gira por Europa y Sudamérica en 1936. En abril de 1937, dirigió su ballet en tres partes *Jeu de cartes*, un encargo de la compañía de ballet de Lincoln Kirstein en Nueva York con coreografía de George Balanchine.

A su regreso a Europa, Stravinsky se marchó de París a Annemasse, cerca de la frontera suiza, para estar cerca de su familia, después de que su mujer y sus hijas Ludmila y Milena hubieran contraído la tuberculosis y estuvieran ingresadas en un sanatorio. Ludmila murió a finales de 1938, seguida de su esposa de 33 años, en marzo de 1939. El propio Stravinsky pasó cinco meses hospitalizado en Sancellemoz, durante los cuales también murió su madre. Durante sus últimos años en París, Stravinsky había entablado relaciones profesionales con personas clave en Estados Unidos: ya estaba trabajando en su Sinfonía en Do para la Orquesta Sinfónica de Chicago y había aceptado la cátedra Charles Eliot Norton de Poesía de 1939-1940 en la Universidad de Harvard y, durante su estancia allí, dar seis conferencias sobre música en el marco de las prestigiosas Charles Eliot Norton Lectures.

La vida en Estados Unidos, 1939-1971

Primeros años en EE.UU., 1939-1945

Stravinsky llegó a Nueva York el 30 de septiembre de 1939 y se dirigió a Cambridge, Massachusetts, para cumplir sus compromisos en Harvard. Durante sus dos primeros meses en Estados Unidos, Stravinsky se alojó en Gerry's Landing, la casa del historiador del arte Edward W. Forbes. Vera Sudeikin llegó en enero de 1940 y la pareja se casó el 9 de marzo en Bedford, Massachusetts. Tras un periodo de viajes, ambos se mudaron a una casa en Beverly Hills, California, antes de instalarse en Hollywood a partir de 1941. Stravinsky pensaba que el clima más cálido de California beneficiaría su salud. Stravinsky se había adaptado a la vida en Francia, pero trasladarse a Estados Unidos a la edad de 58 años era una perspectiva muy diferente. Durante un tiempo mantuvo un círculo de contactos y amigos emigrados de Rusia, pero con el tiempo se dio cuenta de que esto no sostenía su vida intelectual y profesional. Se sintió atraído por la creciente vida cultural de Los Ángeles, especialmente durante la Segunda Guerra Mundial, cuando escritores, músicos, compositores y directores de orquesta se instalaron en la zona. El crítico musical Bernard Holland afirmó que Stravinsky apreciaba especialmente a los escritores británicos, que le visitaban en Beverly Hills, como W. H. Auden, Christopher Isherwood y, más tarde, Dylan Thomas: "Compartían el gusto del compositor por los espíritus duros, especialmente Aldous Huxley, con quien Stravinsky hablaba en francés". Stravinsky y Huxley tenían una tradición de almuerzos de sábado para vanguardistas y luminarias de la costa oeste.

En 1940, Stravinsky termina su *Sinfonía en Do* y dirige la Orquesta Sinfónica de Chicago en su estreno ese mismo año. En esta época, Stravinsky empezó a asociarse con la música de cine; la primera película importante que utilizó su música fue *Fantasía* (1940), de Walt Disney, que incluye partes de *La consagración de la primavera* adaptadas por Leopold Stokowski a un segmento que describe la historia de la Tierra y la era de los dinosaurios. Orson Welles instó a Stravinsky a escribir la partitura de *Jane Eyre* (1943), pero las negociaciones fracasaron; una pieza utilizada en una de las escenas de caza de la película se utilizó en la obra orquestal de Stravinsky *Ode* (1943). También fracasó una oferta para componer *La canción de Bernadette (1943*); Stravinsky consideró que las condiciones eran demasiado favorables al productor. La música que había escrito para la película se utilizó más tarde en su *Sinfonía en tres movimientos*.

El acorde de séptima dominante poco convencional de Stravinsky en su arreglo del "Star-Spangled Banner" provocó un incidente con la policía de Boston el 15 de enero de 1944, y fue advertido de que las autoridades podían imponerle una multa de 100 dólares por cualquier "arreglo total o parcial del himno nacional". Resultó que la policía estaba equivocada. La ley en cuestión prohibía utilizar el himno nacional "como música de baile, como marcha de salida o como parte de un popurrí de cualquier tipo", pero el incidente pronto se convirtió en un mito, en el que supuestamente Stravinsky fue arrestado, retenido durante varias noches y fotografiado para los registros policiales.

El 28 de diciembre de 1945, los Stravinsky se nacionalizan estadounidenses. Su padrino y testigo fue el actor Edward G. Robinson.

Últimas grandes obras, 1945-1966

El mismo día en que Stravinsky adquirió la nacionalidad estadounidense, se puso de acuerdo con Boosey & Hawkes para publicar arreglos de varias de sus composiciones y utilizó su recién adquirida nacionalidad estadounidense para asegurarse los derechos de autor sobre el material, lo que le permitiría ganar dinero con ellos. El contrato de cinco años se finalizó y firmó en enero de 1947 e incluía una garantía de 10.000 dólares por los dos primeros años y de 12.000 dólares por los tres restantes.

A finales de 1945, Stravinsky recibe un encargo de Europa, el primero desde *Perséphone*, en forma de una pieza de cuerda para el vigésimo aniversario para la Orquesta de Cámara de Basilea de Paul Sacher. El *Concierto en re* se estrenó en 1947. En enero de 1946, Stravinsky dirigió el estreno de su *Sinfonía en tres movimientos* en el Carnegie Hall de Nueva York. Fue su primer estreno en Estados Unidos. En 1947, Stravinsky se inspiró para escribir su ópera en inglés *The Rake's Progress en una* visita a una exposición en Chicago de la serie de pinturas del mismo título del artista británico del siglo XVIII William Hogarth, que narra la historia de un derrochador de moda que se hunde en la ruina. W. H. Auden y el escritor Chester Kallman trabajaron en el libreto. La ópera se estrenó en 1951 y marca el final del periodo neoclásico de Stravinsky. Mientras componía *The Rake's Progress*, Stravinsky conoció a Robert Craft, a quien invitó a su casa de Hollywood como asistente personal. Craft pronto se convirtió en el "amigo más íntimo de Stravinsky, su confidente, amanuense, portavoz y compañero director de orquesta", como escribió Jay Harrison en el *New York Herald Tribune*. Craft animó al compositor a explorar la música serial y a los compositores de la Segunda Escuela de Viena, iniciando el tercer y último periodo musical de Stravinsky, que duró hasta su muerte.

En 1953, Stravinsky aceptó componer una nueva ópera con libreto de Dylan Thomas, que detallaba la recreación del mundo después de que un hombre y una mujer permanecieran en la Tierra tras una catástrofe nuclear. El desarrollo del proyecto se interrumpió repentinamente tras la muerte de Thomas en noviembre de ese año. En 1954, Stravinsky terminó *In Memoriam Dylan Thomas,* una obra para tenor, cuarteto de cuerda y cuatro trombones. Stravinsky compuso su cantata *Canticum Sacrum* para el Festival Internacional de Música Contemporánea de Venecia, al que dedicó la obra, que se estrenó el 13 de septiembre de 1956. La obra inspiró a la Norddeutscher Rundfunk para encargarle en 1957 la ambientación musical *Threni,* estrenada por su orquesta y coro el 23 de septiembre de 1958. En 1959, Craft entrevistó a Stravinsky para un artículo titulado *Answers to 35 Questions (Respuestas a 35 preguntas), en el* que Stravinsky corregía una serie de mitos que le rodeaban y hablaba de sus relaciones con muchos de sus colaboradores. El artículo se amplió posteriormente en un libro y, en los cuatro años siguientes, se publicaron otros tres libros de este estilo gracias a la iniciativa de Craft.

En 1961, los Stravinsky y Craft viajaron a Londres, Zurich y El Cairo de camino a Australia, donde Stravinsky y Craft dirigieron conciertos exclusivamente Stravinsky en Sydney y Melbourne. Regresaron a California pasando por Nueva Zelanda, Tahití y México. En enero de 1962, durante la escala de su gira en Washington, D.C., Stravinsky asistió a una cena en la Casa Blanca con el Presidente John F. Kennedy en honor de su 80 cumpleaños, donde recibió una medalla especial por "el reconocimiento que su música ha alcanzado en todo el mundo". En septiembre de 1962, Stravinsky regresó a Rusia por primera vez desde 1914, aceptando una invitación de la Unión de Compositores Soviéticos para dirigir seis actuaciones en Moscú y Leningrado. Durante su visita de tres semanas, se reunió con el Primer Ministro soviético Nikita Jruschov y con varios compositores soviéticos destacados, entre ellos Dmitri Shostakovich y Aram Khachaturian. Stravinsky no regresó a su casa de Hollywood hasta diciembre de 1962, en lo que fueron casi ocho meses de viajes continuos. Tras el asesinato de Kennedy en 1963, Stravinsky terminó su *Elegía para J.F.K.* al año siguiente. El compositor tardó dos días en escribir esta obra de dos minutos de duración.

A principios de 1964, los largos periodos de viaje empezaron a afectar a la salud de Stravinsky. Su caso de policitemia empeoró y sus amigos notaron que sus movimientos y su habla se habían ralentizado. En 1965, Stravinsky acepta que David Oppenheim produzca un documental sobre su persona para la cadena CBS. Un equipo de rodaje siguió al compositor en su casa y de gira durante ese año, y se le pagaron 10.000 dólares por la producción. El documental incluye la visita de Stravinsky a Les Tilleuls, la casa de Clarens donde escribió la mayor parte de La *consagración de la primavera*. El equipo pidió permiso a las autoridades soviéticas para filmar el regreso de Stravinsky a su ciudad natal de Ustilug, pero la petición fue denegada. En 1966, Stravinsky completa su última gran obra, los *Cánticos del Réquiem*. Su último intento de composición, *Dos esbozos para una sonata*, existía en un manuscrito de breves fragmentos para piano. Los bocetos fueron publicados por Boosey & Hawkes en 2021.

Últimos años y muerte, 1967-1971

En marzo de 1967, Stravinsky dirige *L'Histoire du soldat* con la Ópera de Seattle. Para entonces, los honorarios habituales por actuación de Stravinsky habían ascendido a 10.000 dólares. Sin embargo, después de que la dirección de Stravinsky se volviera "errática" e "imprecisa", como la describió un crítico, Craft canceló todos los conciertos que requerían que Stravinsky volara. Una excepción fue un concierto en el Massey Hall de Toronto en mayo de 1967, en el que dirigió la suite *Pulcinella,* relativamente poco exigente físicamente, con la Orquesta Sinfónica de Toronto. Sin que él lo supiera, era su última actuación como director. Entre bastidores, Stravinsky informó a Craft de que creía haber sufrido un derrame cerebral. En agosto de 1967, Stravinsky fue hospitalizado en

Hollywood por una hemorragia estomacal y una trombosis que requirió una transfusión de sangre.

En 1968, Stravinsky se había recuperado lo suficiente como para reanudar las giras por Estados Unidos con él entre el público, mientras Craft asumía el puesto de director en la mayoría de los conciertos. En mayo de 1968, Stravinsky completó el arreglo para piano de dos canciones de Hugo Wolf para una pequeña orquesta. En octubre, los Stravinsky y Craft viajaron a Zúrich para resolver asuntos de negocios con la familia de Stravinsky. Los tres consideraron la posibilidad de trasladarse a Suiza, ya que cada vez les gustaba menos Hollywood, pero decidieron no hacerlo y regresaron a Estados Unidos.

En octubre de 1969, después de casi tres décadas en California y de que los médicos denegaran a Stravinsky la posibilidad de viajar al extranjero debido a su mala salud, los Stravinsky alquilaron durante dos años un lujoso apartamento de tres habitaciones en la Essex House de Nueva York. Craft se mudó con ellos, dejando su carrera en suspenso para cuidar del compositor enfermo. Uno de los últimos proyectos de Stravinsky era orquestar dos preludios de *El clave bien temperado* de Bach, pero nunca llegó a completarse. En junio de 1970, viaja a Évian-les-Bains, junto al lago Lemán, donde se reúne con su hijo mayor, Fyodor, y su sobrina Xenia.

El 18 de marzo de 1971, Stravinsky fue trasladado al hospital Lenox Hill con un edema pulmonar, donde permaneció diez días. El 29 de marzo se mudó a un apartamento recién amueblado en el 920 de la Quinta Avenida, su primer apartamento en la ciudad desde que viviera en París en 1939. Tras un periodo de bienestar, el edema reapareció el 4 de abril y Vera Stravinsky insistió en que se instalara equipo médico en el apartamento. Stravinsky pronto dejó de comer y beber y murió a las 5:20 de la mañana del 6 de abril a la edad de 88 años. La causa que figura en su certificado de defunción es una insuficiencia cardíaca. Tres días después se celebró un funeral en la capilla Frank E. Campbell. De acuerdo con sus deseos, fue enterrado en el rincón ruso del cementerio de la isla de San Michele, en Venecia, a unos metros de la tumba de Sergei Diaghilev, a la que fue trasladado en góndola tras una misa en Santi Giovanni e Paolo presidida por Cherubin Malissianos, Archimandrita de la Iglesia Ortodoxa Griega. Durante la misa se interpretaron los *cánticos del Réquiem* y música de órgano de Andrea Gabrieli.

Música

La mayoría de las obras estudiantiles de Stravinsky fueron compuestas para encargos de su maestro Rimsky-Korsakov, siendo influenciado principalmente por éste y otros compositores rusos. Los tres primeros ballets de Stravinsky, *El pájaro de fuego*, *Petrushka* y La *consagración de la primavera*, fueron el comienzo de su fama internacional y su desviación de la conservadora vida de San Petersburgo. La música de Stravinsky se suele dividir en tres periodos de composición: su periodo ruso (1913-1920), en el que se vio muy influido por el folclore y el estilo rusos; su periodo neoclásico (1920-1951), en el que Stravinsky se decantó por técnicas y temas del periodo clásico; y su periodo serial (1954-1968), en el que Stravinsky utilizó técnicas de composición serial de las que fueron pioneros los compositores de la Segunda Escuela de Viena.

Trabajos de estudiantes, 1898-1907

Antes de conocer a Diaghilev, Stravinsky aprendió de Rimsky-Korsakov y sus colaboradores. Sólo se conservan tres obras anteriores a su encuentro con Rimsky-Korsakov en agosto de 1902: "Tarantela" (1898), Scherzo en sol menor (1902) y *La nube de tormenta*, las dos primeras obras para piano y la última para voz y piano. El primer encargo de Stravinsky a Rimsky-Korsakov fue la Sonata para piano en fa menor, de cuatro movimientos, que también fue su primera obra interpretada en público. Rimsky-Korsakov solía encargar a Stravinsky la orquestación de diversas obras para que pudiera analizar su forma y estructura. En las reuniones que Rimsky-Korsakov celebraba en su casa se interpretaban varias composiciones de estudiante de Stravinsky; entre ellas, un conjunto de bagatelas, una "chanson comique" y una cantata, que mostraban el uso de técnicas musicales clásicas que más tarde definirían el periodo neoclásico de Stravinsky. Stephen Walsh describió esta época de la carrera musical de Stravinsky como "estéticamente estrecha" debido al "conservadurismo cínico" de Rimsky-Korsakov y su música. Rimsky-Korsakov pensaba que la Sinfonía en mi bemol (1907) estaba demasiado influida por el estilo de Glazunov, y no le gustaba la influencia modernista en *Fauno y pastora* (1907).

Tres primeros ballets, 1910-1913

Después de que el estreno de *Scherzo fantastique* y *Feu d'artifice* atrajera la atención de Diaghilev, éste encargó a Stravinsky que orquestara el Nocturno en la bemol mayor y la Grande valse brillante en mi bemol mayor de Chopin para el nuevo ballet *Les Sylphides,* y encargó el primer ballet de Stravinsky, *El pájaro de fuego*, unos meses después.

El Pájaro de Fuego utiliza una estructura armónica que Stravinsky denominó "leit-armonía", un portmanteau de leitmotiv y armonía utilizado por Rimsky-Korsakov en su ópera *El gallito de oro*. La "leit-armonía" se utilizó para yuxtaponer al protagonista, el Pájaro de Fuego, y al antagonista, Koschei el Inmortal, asociando al Pájaro de Fuego con frases de tonos enteros y a Koschei con la música octatónica. Stravinsky escribió más tarde que compuso El pájaro de *fuego* en un estado de "rebelión contra Rimsky", y que "intentó superarle con *ponticello*, *col legno*, *flautando*, *glissando* y efectos de fluttertongue".

El segundo ballet de Stravinsky para los Ballets Rusos, *Petrushka*, es donde Stravinsky definió su carácter musical. En un principio iba a ser un *konzertstück* para piano y orquesta, pero Diaghilev convenció a Stravinsky de que debía componerlo como ballet para la temporada de 1911. La influencia rusa se aprecia en el uso de varias melodías populares rusas, además de dos valses del compositor vienés Joseph Lanner y una melodía francesa de music hall (*La Jambe en bois* o *La pata de palo*). Stravinsky también utilizó una melodía folclórica de la ópera de Rimsky-Korsakov *La doncella de las nieves*, lo que demuestra su continua influencia en la música de Stravinsky.

El tercer ballet de Stravinsky, *La Consagración de la Primavera*, causó sensación en su estreno debido a la naturaleza vanguardista de la obra. Stravinsky había empezado a experimentar con la politonalidad en *El pájaro de fuego* y *Petrushka*, pero para La Consagración *de la Primavera*, "la llevó a su conclusión lógica", como la describe Eric Walter White. Además, la compleja métrica de la música consiste en frases que combinan compases contradictorios y acentos extraños, como las "dentelladas" de la "Danza del Sacrificio". Tanto la politonalidad como los ritmos inusuales pueden escucharse en los acordes que abren el segundo episodio, "Augurios de primavera", consistentes en un mi dominante 7 superpuesto a una tríada de fa mayor escrita en un ritmo desigual, en el que Stravinsky cambia los acentos aparentemente al azar para crear asimetría. *La Consagración de la Primavera* es una de las obras más famosas e influyentes del siglo XX; el musicólogo Donald Jay Grout la describió como "el efecto de una explosión que dispersó de tal modo los elementos del lenguaje musical que nunca más pudieron volver a unirse como antes".

Periodo ruso, 1913-1920

El musicólogo Jeremy Noble afirma que las "intensas investigaciones de Stravinsky sobre el material folclórico ruso" tuvieron lugar durante su estancia en Suiza entre

1914 y 1920. El compositor Béla Bartók consideraba que el periodo ruso de Stravinsky había comenzado en 1913 con *La Consagración de la Primavera, debido a la* utilización en sus obras de canciones, temas y técnicas populares rusas. El uso de metros dobles o triples era especialmente frecuente en la música del periodo ruso de Stravinsky; aunque el pulso puede haber permanecido constante, el compás cambiaba a menudo para desplazar constantemente los acentos.

Stravinsky no utilizó tantas melodías folclóricas como en sus tres primeros ballets, pero sus obras eran de estilo ruso. Stravinsky utilizó a menudo la poesía popular; su siguiente ópera, *Les noces*, se basó en textos de una colección de poesía popular rusa de Pyotr Kireevsky, y su ópera-ballet *Renard se* basó en un cuento popular recopilado por Alexander Afanasyev. Muchas de las obras de la época rusa de Stravinsky presentaban personajes y temas animales, probablemente debido a la exposición a las canciones infantiles que leía con sus cuatro hijos. Stravinsky también utilizó estilos teatrales únicos. *Les noces* mezclaba el ballet y la cantata, una producción única descrita en la partitura como "Escenas coreográficas rusas". En *Renard*, las voces se situaron en la orquesta, ya que debían acompañar la acción en escena. *L'Histoire du soldat* fue compuesta en 1918 con el novelista suizo Charles F. Ramuz como una "peculiar obra de teatro musical" para bailarines, un narrador y un septeto. La obra mezclaba los cuentos populares rusos de la narración con estructuras musicales comunes de la época, como el tango, el vals, el rag y el coral. Según Walsh, la música de Stravinsky siempre estuvo influida por sus raíces rusas y, a pesar de que éstas disminuyeron en su producción posterior, mantuvo una continua innovación musical.

Periodo neoclásico, 1920-1951

En Nápoles (Italia), Stravinsky vio una *commedia dell'arte* en la que aparecía el personaje de Pulcinella, un "gran patán borracho" que más tarde se convertiría en el tema de su ballet *Pulcinella*. Iniciado oficialmente en 1919, *Pulcinella* recibió el encargo de Diaghilev tras proponerle la idea de un ballet basado en música de Giovanni Battista Pergolesi, Domenico Gallo y otros cuya música se publicaba bajo el nombre de Pergolesi. Componer una obra basada en los sistemas armónicos y rítmicos de un compositor de finales del Barroco fue el comienzo del giro de Stravinsky hacia la música del siglo XVIII que le "serviría durante unos 30 productivos años".

Aunque White y Jeremy Noble consideran que el periodo neoclásico de Stravinsky comenzó en 1920 con sus *Sinfonías para instrumentos de viento*, Bartók sostiene que el periodo "comienza realmente con su Octeto para instrumentos de viento, seguido de su Concierto para piano...". Durante este periodo, Stravinsky utilizó técnicas y temas del periodo clásico de la música.

La mitología griega fue un tema habitual en las obras neoclásicas de Stravinsky. Su primera obra basada en la mitología griega fue el ballet *Apollon musagète* (1927), que eligió como tema al líder de las Musas y dios del arte, Apolo. Stravinsky utilizaría temas de la mitología griega en obras futuras como *Edipo Rey (1927)*, *Perséfone* (1935) y *Orfeo* (1947). Taruskin escribe que *Edipo rey* era "el producto de la manera neoclásica de Stravinsky en su forma más extrema", y que las técnicas musicales "que se creían anticuadas" se yuxtaponían a "una *hauteur* deliberadamente ofensiva". Además, durante este periodo, Stravinsky recurrió a estructuras y técnicas musicales más antiguas y las modernizó. Su Octeto (1923) utiliza la forma sonata, modernizándola al prescindir del orden estándar de los temas y de las relaciones tonales tradicionales para las distintas secciones. La idea del contrapunto musical, de uso común en la época barroca, se utilizó a lo largo de la *Sinfonía* coral *de los Salmos*.

El periodo neoclásico de Stravinsky concluyó en 1951 con la ópera *The Rake's Progress*. Taruskin describe la ópera como "el eje y la esencia del 'neoclasicismo'". Señala cómo la ópera contiene numerosas referencias a la mitología griega y a otras óperas como *Don Giovanni* y *Carmen*, pero sigue "encarnando la estructura distintiva de un cuento de hadas". Stravinsky se inspiró en las óperas de Mozart para componer la música, pero otros estudiosos también señalan influencias de Haendel, Gluck, Beethoven, Schubert, Weber, Rossini, Donizetti y Verdi. *The Rake's Progress se* ha convertido en una obra importante del repertorio operístico, siendo "[más representada] que cualquier otra ópera escrita tras la muerte de Puccini".

Período de serie, 1954-1968

En la década de 1950, Stravinsky comenzó a utilizar técnicas compositivas seriales, como la técnica de los doce tonos, ideada originalmente por Arnold Schoenberg. Noble escribe que esta época supuso "el cambio más profundo en el vocabulario musical de Stravinsky", en parte debido al nuevo interés de Stravinsky por la música de la Segunda Escuela de Viena tras conocer a Robert Craft.

Stravinsky experimentó por primera vez con técnicas seriales no doce-tónicas en obras vocales y de cámara como la Cantata (1952), el Septeto (1953) y *Tres canciones de Shakespeare* (1953). La primera de sus composiciones totalmente basada en tales técnicas fue *In Memoriam Dylan Thomas* (1954). *Agon (*1954-57) fue la primera de sus obras en incluir una serie de doce tonos y el segundo movimiento de *Canticum Sacrum* (1956) fue la primera pieza que contenía un movimiento enteramente basado en una fila de tonos. La singular estructura tonal de *Agon* fue significativa para la música serial de Stravinsky; la obra comienza diatónica, avanza hacia el serialismo completo de doce tonos en la parte central y regresa al diatonicismo al final. Stravinsky volvió a los temas sacros en obras como *Canticum Sacrum, Threni* (1958), *A Sermon, a Narrative and a Prayer* (1961) y *The Flood* (1962). Stravinsky utilizó varios conceptos de obras anteriores en sus piezas seriadas; por ejemplo, la voz de Dios a dos voces graves en homofonía que aparece en El *diluvio se* utilizó previamente en *Les noces*. La última obra de Stravinsky, los Cánticos de Réquiem (1966), utilizaba una compleja serie de filas tonales a cuatro voces, mostrando la evolución de la música serialista de Stravinsky. Noble describe los Cánticos de *Réquiem* como "una destilación tanto del texto litúrgico como de sus propios medios musicales para plasmarlo, evolucionados y refinados a lo largo de una carrera de más de 60 años".

Las influencias de otros compositores se dejan sentir a lo largo de este periodo. Stravinsky estaba muy influido por Schoenberg, no sólo en su uso de la técnica de los doce tonos, sino también en la instrumentación claramente "schoenbergiana" del Septeto y la "interpretación stravinskiana de *la Klangfarbenmelodie* de Schoenberg" que se encuentra en las *Variaciones* de Stravinsky. Stravinsky también utilizó varios temas encontrados en obras de Benjamin Britten, comentando en *Temas y conclusiones* los "muchos títulos y temas [que ya he compartido] con el Sr. Britten". Además, Stravinsky estaba muy familiarizado con las obras de Anton Webern, siendo una de las figuras que inspiraron a Stravinsky a considerar el serialismo como una posible forma de composición.

Influencias

Literario

Stravinsky mostraba un gusto literario amplio que reflejaba su constante deseo de nuevos descubrimientos. Los textos y las fuentes literarias de su obra comenzaron con el interés por el folclore ruso. Tras mudarse a Suiza en 1914, Stravinsky empezó a recopilar historias folclóricas de numerosas colecciones, que más tarde utilizó en obras como *Les noces*, *Renard*, *Pribaoutki* y varias canciones. Muchas de las obras de Stravinski, como El *pájaro de fuego*, *Renard* y *L'Histoire du soldat*, se inspiraron en la famosa colección *Cuentos populares rusos* de Alexander Afanasyev. Las colecciones de música folclórica influyeron en la música de Stravinsky; numerosas melodías de *La consagración de la primavera* se encontraron en una antología de canciones populares lituanas.

Su interés por la liturgia latina comenzó poco después de que Stravinsky se reintegrara a la Iglesia en 1926, con la composición de su primera obra religiosa, *Pater Noster*, escrita en eslavo antiguo. Más tarde utilizó tres salmos de la Vulgata latina en su *Sinfonía de los Salmos* para orquesta y coro mixto. Muchas obras de los periodos neoclásico y serial del compositor utilizaron (o se basaron en) textos litúrgicos.

Stravinsky trabajó con muchos autores a lo largo de su carrera. Trabajó por primera vez con el novelista suizo Charles F. Ramuz en *L'Histoire du soldat* en 1918, quien escribió el texto y ayudó a dar forma a la idea. En 1933, Ida Rubinstein encargó a Stravinsky que pusiera música a un poema de André Gide, que más tarde se convertiría en el melodrama *Perséfone*. Ambos colaboraron bien al principio, pero los desacuerdos sobre el texto hicieron que Gide abandonara el proyecto. La historia de *The Rake's Progress* fue concebida inicialmente por Stravinsky y W. H. Auden, quien escribió el libreto con Chester Kallman. Stravinsky entabló amistad con muchos otros autores, como T.S. Eliot, Aldous Huxley, Christopher Isherwood y Dylan Thomas, con el último de los cuales Stravinsky empezó a trabajar en una ópera en 1953, pero dejó de hacerlo debido a la muerte de Thomas.

Artístico

Stravinsky trabajó con algunos de los artistas más famosos de su época, a muchos de los cuales conoció tras el estreno de *El pájaro de fuego*. Diaghilev fue una de las influencias artísticas más destacadas del compositor, ya que le introdujo en la composición para el escenario y le dio fama internacional con sus tres primeros ballets. A través de los Ballets Rusos y Diaghilev, Stravinsky trabajó con figuras como Vaslav Nijinsky, Léonide Massine, Alexandre Benois, Michel Fokine y Léon Bakst. El interés del compositor por el arte le impulsó a entablar una fuerte relación con Picasso, a quien conoció en 1917. De 1917 a 1920, ambos entablaron un diálogo artístico en el que se intercambiaron obras de arte a pequeña escala como muestra de intimidad, entre las que se incluían el famoso retrato de Stravinsky realizado por Picasso y un breve boceto de música para clarinete realizado por Stravinsky. Este intercambio fue esencial para establecer cómo abordarían los artistas su espacio de colaboración en *Ragtime* y *Pulcinella*.

Legado

Stravinsky es considerado uno de los más grandes compositores del siglo XX. En 1998, la revista *Time* lo nombró una de las 100 personas más influyentes del siglo. Stravinsky no sólo fue reconocido por su labor como compositor, sino también como pianista y director de orquesta. Philip Glass escribió en 1998: "Dirigía con una energía y viveza que transmitían por completo cada una de sus intenciones musicales". Aquí estaba Stravinsky, un revolucionario musical cuya propia evolución nunca se detuvo. No hay compositor que haya vivido en su época o que viva hoy que no haya sido tocado, y a veces transformado, por su obra".

A lo largo de su carrera, Stravinsky fue objeto de numerosas críticas, sobre todo en sus últimas obras. En 1935, el compositor estadounidense Marc Blitzstein comparó a Stravinsky con Jacopo Peri y C. P. E. Bach, admitiendo que "no se puede negar la grandeza de Stravinsky. Lo que ocurre es que no es lo bastante grande". En 1934, el compositor Constant Lambert describió piezas como *L'Histoire du soldat* por contener "esencialmente abstracción a sangre fría ... los fragmentos melódicos de *Histoire du Soldat* carecen completamente de sentido en sí mismos. No son más que sucesiones de notas que pueden dividirse convenientemente en grupos de tres, cinco y siete y contraponerse a otros grupos matemáticos". Por el contrario, Erik Satie sostenía que medir la "grandeza" de un artista comparándolo con otros artistas es ilusorio, y que cada pieza musical debe juzgarse por sus propios méritos y no comparándola con los estándares de otros compositores.

La reputación de Stravinsky en Rusia y la URSS fue variada. Las interpretaciones de su música estuvieron prohibidas desde 1933 hasta 1962, año en que Jruschov le invitó a la URSS en visita oficial. En 1972, una proclama oficial de la Ministra de Cultura soviética, Yekaterina Furtseva, ordenaba a los músicos soviéticos "estudiar y admirar" la música de Stravinsky, y convertía la hostilidad hacia ella en un delito potencial.

White escribe que la atención prestada a los tres primeros ballets del compositor socavó la importancia de sus obras posteriores, y que obras como *Les noces*, la *Sinfonía de los Salmos* y *Perséfone* "representan el punto culminante de su invención y forman una de las contribuciones más preciadas al tesoro musical del siglo XX." El director de orquesta Michael Tilson Thomas dijo en una entrevista de 2013 para NPR: "[Stravinsky] tenía una curiosidad insaciable por las palabras, por la geografía, simplemente por las cosas que encontraba en su día a día... nunca iba a quedarse quieto, siempre iba a avanzar." En su perfil de

Stravinsky para *Interlude,* Georg Predota afirma, respecto a los vastos estilos de Stravinsky, que "bien podría haber representado el rostro de todo un siglo, ya que sus obras tocan casi todas las tendencias importantes que el siglo ofrecía".

Stravinsky destacó por su particular uso del ritmo, especialmente en *La Consagración de la Primavera.* Según Glass, "la idea de empujar los ritmos a través de las líneas de compás... abrió el camino... [la estructura rítmica de la música se hizo mucho más fluida y, en cierto modo, espontánea". Glass también destacó el "impulso rítmico primitivo y fuera de compás" de Stravinsky. Andrew J. Browne escribió: "Stravinsky es quizá el único compositor que ha elevado el ritmo en sí mismo a la dignidad de arte". A lo largo de su carrera, Stravinsky recurrió a una gran variedad de fuerzas orquestales, instrumentales y vocales, desde instrumentos individuales en obras como *Tres piezas para clarinete solo* (1918) o *Elegía para viola sola* (1944) hasta la enorme orquesta de *La consagración de la primavera* (1913), que Copland caracterizó como "el logro orquestal más destacado del siglo XX".

Stravinsky influyó en muchos compositores y músicos. George Benjamin escribió en *The Guardian*: "Desde 1913, una generación tras otra de compositores -de Varèse a Boulez, de Bartók a Ligeti- se ha sentido impulsada a afrontar los retos planteados por [La *consagración de la primavera]"*, mientras que Walsh escribió: "Para los compositores más jóvenes de casi todas las tendencias, su obra ha seguido ofreciendo inspiración y una fuente de método". El ritmo y la vitalidad de Stravinsky influyeron enormemente en Aaron Copland y Pierre Boulez, este último con quien Stravinsky había trabajado en *Threni*. La combinación de folclore y modernismo de Stravinsky influyó también en las obras y el estilo de Béla Bartók. Stravinsky también influyó en compositores como Elliott Carter, Harrison Birtwistle y John Tavener. Entre sus alumnos figuran Robert Craft, Robert Strassburg y Warren Zevon.

Matrícula de honor

Stravinsky recibió la medalla de oro de la Royal Philharmonic Society en 1954, el premio de música Léonie Sonning en 1959 y el premio Wihuri Sibelius en 1963. El 25 de julio de 1966 se le concedió la Orden Militar Portuguesa de Santiago de la Espada. En 1977, la "Danza de los sacrificios" de *La consagración de la primavera* se incluyó entre los numerosos temas de todo el mundo en el Voyager Golden Record. En 1982, el Servicio Postal de los Estados Unidos incluyó al compositor en un sello de correos de 2¢ dentro de su serie de sellos Great Americans. Recibió una estrella en el Paseo de la Fama de Hollywood en 1960 e ingresó a título póstumo en el Museo Nacional de la Danza y el Salón de la Fama en 2004.

Varias obras importantes fueron dedicadas a Stravinsky, entre ellas *En blanc et noir* de Claude Debussy, *Trois poèmes de Mallarmé* de Maurice Ravel y la versión revisada de *La tragédie de Salomé* de Florent Schmitt. El compositor recibió cinco premios Grammy y once nominaciones en total. Tres discos de sus obras entraron en el Salón de la Fama de los Grammy en 1993, 1999 y 2000, y en 1987 recibió a título póstumo el Grammy Lifetime Achievement Award.

Grabaciones

Stravinsky encontró en las grabaciones una herramienta práctica y útil para conservar sus ideas sobre la interpretación de su música. Como director de su propia música, grabó principalmente para Columbia Records, comenzando en 1928 con una interpretación de la suite original de *El pájaro de fuego* y concluyendo en 1967 con la suite de 1945 del mismo ballet. A finales de la década de 1940 realizó varias grabaciones para RCA Victor en los estudios Republic de Los Ángeles. Aunque la mayoría de sus grabaciones se realizaron con músicos de estudio, también trabajó con la Orquesta Sinfónica de Chicago, la Orquesta de Cleveland, la Orquesta Sinfónica de la CBC, la Filarmónica de Nueva York, la Real Orquesta Filarmónica y la Orquesta Sinfónica de la Radio de Baviera.

Durante su vida, Stravinsky apareció en varias retransmisiones, incluido el estreno mundial de *The Flood* en 1962 en la cadena de televisión CBS. Aunque hizo acto de presencia, la interpretación fue dirigida por Craft. Se conservan numerosas películas y vídeos del compositor, como el documental *Stravinsky*, de 1966, premiado por el National Film Board of Canada y dirigido por Roman Kroitor y Wolf Koenig, en el que dirige a la Orquesta Sinfónica de la CBC en una grabación de la *Sinfonía de los Salmos*.

Escritos

Stravinsky publicó varios libros a lo largo de su carrera, casi siempre con la ayuda de un colaborador (a veces no acreditado). En su autobiografía de 1936, *Crónica de mi vida,* escrita con la ayuda de Walter Nouvel, Stravinsky incluyó su conocida afirmación de que "la música es, por su propia naturaleza, esencialmente impotente para expresar nada en absoluto". Con Alexis Roland-Manuel y Pierre Souvtchinsky, escribió en 1939-40 sus conferencias Charles Eliot Norton de la Universidad de Harvard, pronunciadas en francés y recopiladas por primera vez bajo el título *Poétique musicale* en 1942 y luego traducidas en 1947 como *Poética de la música*. En 1959, se publicaron varias entrevistas entre el compositor y Craft bajo el título *Conversaciones con Igor Stravinsky, a las que siguieron* otros cinco volúmenes en la década siguiente. Una recopilación de los escritos y entrevistas de Stravinsky aparece bajo el título *Confidences sur la musique*.

Los libros y artículos se han seleccionado del Apéndice E de *Stravinsky: The Composer and His Works de Eric Walter White* y el perfil de Stravinsky de Stephen Walsh en *Oxford Music Online*.

Composiciones

Ópera/teatro

- *El ruiseñor* (*Le Rossignol*), ópera en 3 actos (1914)
- *Renard*, burlesque para 4 pantomimas y orquesta de cámara (1916)
- *L'Histoire du soldat* (*La historia del soldado*), para conjunto de cámara y tres oradores (1918)
- *Mavra*, ópera en un acto (1922)
- *Edipo Rey*, ópera-oratorio en 2 actos (1927)
- *Perséphone*, *mélodrame* para orador, solistas, coro y orquesta (1933)
- *The Rake's Progress*, ópera en 3 actos (1951)
- *El diluvio*, ópera para televisión (1962)

Ballet

- *El pájaro de fuego* (*L'oiseau de feu*) (1910; rev. 1919, 1945)
- *Petrushka* (1911, rev. 1947)
- *La consagración de la primavera* (*Le sacre du printemps*) (1913; rev. 1947, 1967)
- *Les Noces* (Las *Bodas*), para solistas, coro, cuatro pianos y percusión (1914-17 y 1919-23)
- *Pulcinella*, para orquesta de cámara y solistas (1920)
- *Apollo* (*Apollon musagète*), para orquesta de cuerda (1928; rev. 1947)

- *Le Baiser de la fée* (*El beso del hada*) (1928; rev. 1950)
- *Jeu de cartes* (*Juego de cartas*) (1936)
- *Polca de circo* (1942)
- *Escenas de ballet* (1944)
- *Orfeo*, para orquesta de cámara (1947)
- *Agon* (1957)

Orquestal
- Sinfonía en mi bemol mayor, Op. 1 (1907)
- *Scherzo fantastique*, Op. 3 (1908)
- *Feu d'artifice* (*Fuegos artificiales*), Op. 4 (1908)
- *Canción fúnebre* (Погребальная песня; Chant funèbre), Op. 5 (1908); compuesta para conmemorar la muerte de Nikolai Rimsky-Korsakov; estrenada el 17 de enero de 1909 en la Gran Sala del Conservatorio de San Petersburgo; perdida hasta septiembre de 2015.
- *Le chant du rossignol* (*El canto del ruiseñor*) (1917)
- Suite de *Pulcinella* (1920; rev. 1947)
- Suite nº 2 para orquesta de cámara (1921, arreglo de *Trois pièces faciles* y *Cinq pièces faciles* nº 5)
- Suite nº 1 para orquesta de cámara (1925, arreglo de *Cinq pièces faciles* Nos. 1-4)
- *Quatre études*, para orquesta (1928, arreglo de Tres piezas para cuarteto de cuerda y *Étude pour pianola*)

- Divertimento (Suite de *Le Baiser de la fée*, 1934)
- Concierto en mi bemol *Dumbarton Oaks*, para orquesta de cámara (1938)
- Sinfonía en Do (1940)
- *Danses concertantes* para orquesta de cámara (1941-42)
- *Cuatro estados de ánimo noruegos* (1942)
- *Oda* (1943)
- *Scherzo à la russe* para orquesta (1944, también una versión para la banda de Paul Whiteman)
- *Polca de circo* (1944)
- Sinfonía en tres movimientos (1945)
- Concierto en re "Basilea", para orquesta de cuerda (1946)
- Tango para orquesta de cámara (1953, arreglo de la obra para piano de 1940)
- *Preludio de saludo* para orquesta (1955), para el 80 cumpleaños de Pierre Monteux
- *8 miniaturas instrumentales* para 15 músicos (1963, orquestación de *Les cinq doigts*)
- Variaciones (Aldous Huxley in Memoriam) (1963/1964)
- *Canon sobre una melodía popular rusa* (1965)

Concertante
- Concierto para piano e instrumentos de viento (1923-24, rev. 1950)
- Capriccio para piano y orquesta (1929/1949)

- Concierto para violín en re (1931)
- Movimientos para piano y orquesta (1958/1959)

Coral

- *Cantata para el sexagésimo cumpleaños de Rimsky-Korsakov*, para coro y piano (1904). Inédita. Ejecutada una vez el 19 de marzo de 1904 en el apartamento de Nikolai Rimsky-Korsakov en San Petersburgo y posteriormente perdida.
- *Zvezdoliki (Le roi des étoiles) (El rey de las estrellas)*, para coro masculino y orquesta (1912)
- *Cuatro canciones campesinas rusas*, para voz femenina sin acompañamiento (1917)
- *Pater Noster (Otche Nash)* para coro a cappella (1926, rev. 1949)
- *Sinfonía de los Salmos*, para coro y orquesta (1930, rev. 1948)
- *Credo (Veruyu)* para coro a cappella (1932, rev. 1964)
- *Ave María (Bogoroditse Dyevo)* para coro a cappella (1934, rev. 1949)
- *Babel* (1944)
- Misa, para coro y doble quinteto de viento (1944-48)
- Cantata, para mezzosoprano, tenor, coro femenino, 2 flautas, oboe, corno inglés y violonchelo (1951-52)

- *Canticum Sacrum*, para tenor, barítono, coro y orquesta (1955)
- *Threni*, para seis solistas, coro y orquesta (1958)
- *A Sermon, a Narrative and a Prayer* para contralto, tenor, orador, coro y orquesta (1961)
- *Himno (La paloma que desciende rompe el aire)*, para coro a cappella (1962)
- *Introitus*, para coro masculino y conjunto de cámara (1965)
- *Cánticos de Réquiem*, para bajo, contralto, coro y orquesta (1966)

Vocal

- *Le Nuage* (*Туча*; *Tormenta-Nube*), para voz y piano (1902)
- *Las setas van a la guerra*, para voz (bajo) y piano (1904)
- *Conductor y Tarántula*, para voz y piano (1906) Lost.
- *Fauno y pastora*, para mezzosoprano y orquesta, Op. 2 (1907)
- *Pastorale*, para soprano vocalista y piano (1907)
  - Stravinsky creó un arreglo de esta pieza para soprano y cuatro instrumentos de viento en 1923, y arreglos para violín y piano y para violín y cuatro instrumentos de viento en 1933.

- *Dos melodías de Gorodetsky,* para mezzosoprano y piano, Op. 6 (1908)
- *Deux poèmes de Paul Verlaine,* para barítono y piano, Op. 9 (1910, arreglado para barítono y orquesta 1951)
- *Dos poemas de K. Balmont,* para voz y piano (1911, arreglado para voz y pequeña orquesta 1954)
- *Tres poesías de la lírica japonesa (Trois poésies de la lyrique japonaise),* para canto y piano u orquesta de cámara (1913)
- *Trois petites chansons,* para voz y piano (1906-1913, arreglada para voz y pequeña orquesta 1930)
- *Pribaoutki,* para voz, cuatro maderas y cuatro cuerdas (1914)
  - *Kornílo* (Tío Kornilo)
  - *Natashka* (Pequeña Natalie)
  - *Polkovnik* (El Coronel)
  - *Starets i zayats* (El viejo y la liebre)
- *Berceuses du chat,* para contralto y tres clarinetes (1916)
- *Tres cuentos para niños,* para canto y piano (1917)
  - *Tilim-bom*
  - *Gansos, cisnes*
  - *La cancioncita del oso*

- *Berceuse*, para voz y piano (1918)
- *Quatre chants russes*, para canto y piano (1918-19)
  - *Selezen'* (El Drake)
  - *Zapevnaya* (Canción para contar)
  - *Sidit varabey na chuzhoy garadbe* (Canción de división de platos)
  - *Sektanskaya* (Canción del sectario)
- *Petit ramusianum harmonique*, para una o varias voces (1938)
- *Tres canciones de William Shakespeare*, para mezzosoprano, flauta, clarinete y viola (1953)
- Four Songs, para mezzosoprano, flauta, arpa y guitarra (1954, arreglo de *Quatre chants russes* Nos. 1 & 4; *Three Tales for Children* Nos. 1 & 2)
- *In Memoriam Dylan Thomas (Dirge-canciones y canción)*, para tenor, cuarteto de cuerda y cuatro trombones (1954)
- *Abraham e Isaac*, balada sacra para barítono y orquesta (1963)
- *Elegía para J.F.K.*, para barítono o mezzosoprano y tres clarinetes (1964)
- "El búho y la gata", para soprano y piano (1966)

Cámara
- Tres piezas para cuarteto de cuerda (1914)
- *Pour Pablo Picasso*, para clarinete solo (1917) Inédito.

- Canon para dos trompas (1917) Inédito.
- *Ragtime para once instrumentos* (1917-18)
- *Lied ohne Name (Dúo para dos fagotes)* (1918)
- Suite de *L'Histoire du soldat*, para violín, clarinete y piano (1919)
- Tres piezas para clarinete (1919)
- Concertino, para cuarteto de cuerda (1920)
- *Sinfonías para instrumentos de viento* (1920, rev. 1947)
- Octeto para instrumentos de viento (1923)
- *Suite sobre temas, fragmentos y piezas de Giambattista Pergolesi*, para violín y piano (1925)
- Dúo Concertante para violín y piano (1932)
- *Suite italienne* (de *Pulcinella*), para violonchelo y piano (1932/33) (en colaboración con Gregor Piatigorsky)
- *Suite italienne* (de *Pulcinella*), para violín y piano (1934) (en colaboración con Samuel Dushkin)
- *Preludio para Jazz Band* (1936/37)
- *Elegía*, para viola sola (1944)
- *Concierto de ébano* para clarinete y banda de jazz (1945)
- Septeto para clarinete, trompa, fagot, violín, viola, violonchelo y piano (1953)
- Concertino, para pequeño conjunto (1953) (arreglo de la obra de 1920 para cuarteto de cuerda)

- *Epitaphium*, para flauta, clarinete y arpa (1959)
- Doble Canon, para cuarteto de cuerda "Raoul Dufy in Memoriam" (1959)
- *Monumentum pro Gesualdo di Venosa ad CD annum*, para conjunto de cámara (1960)
1. "Asciugate I begli ochi"
2. "Ma tu, cagion di quella"
3. "Belta poi che t'assenti"
- Canción de cuna, para dos flautas dulces (1960) (arreglo de un fragmento de *The Rake's Progress*, 1951)
- *Fanfarria para un nuevo teatro*, para dos trompetas (1964)

Piano
- "Tarantela" (1898)
- Nube de tormenta (*Le Nuage*) (1898) Perdido.
- Scherzo (1902)
- Sonata para piano en fa sostenido menor (1904)
- *Quatre études*, Op. 7 (1908)
- *El pájaro de fuego* (*L'oiseau de feu*) (1910)
- *Petrushka*, reducción para dúo de pianos (1912, rev. 1947)
- *La consagración de la primavera* (*Le sacre du printemps*), para piano a cuatro manos (1913)
- *Valse des fleurs*, para dos pianos (1914)
- *Polka*, para piano solo (1915)
- *Valse*, para piano solo (1915)

- *Trois pièces faciles*, para cuatro manos (1915)
- *Souvenir d'une marche boche* (1915)
- *Cinq pièces faciles*, para cuatro manos (1917)
- *Valse pour les enfants* (1917)
- Ragtime, arreglo para piano solo (1919)
- *Piano-Rag-Music* (1919)
- *Fragment des symphonies pour instruments à vent à la mémoire de Achille-Claude Debussy* (1920)
- *Coral* (1920)
- *Les cinq doigts* (1921)
- *Trois mouvements de Petrouchka* (1921)
- Sonata para piano (1924)
- Serenata en La (1925)
- Le chant du rossignol, arreglo para piano (1927)
- *Apollon musagète* (1927), transcrita para piano por el autor a partir de la versión para orquesta de cuerda terminada en enero de 1928
- Concierto para dos pianos (1935)
- Tango (1940)
- *Polca de circo* (1942)
- Sonata para dos pianos (1943)
- Scherzo à la russe, arreglo para dos pianos (1944)
- Agon, reducción para dos pianos del compositor (1957)
- *Dos esbozos para una sonata* (1968)

Reproductor de piano

Esta no es una lista de todos los rollos de piano de música de Stravinsky, sino sólo de los que el propio compositor compuso o reescribió para piano de intérprete. Las fechas son de publicación.

- *Étude pour pianola (Estudio para* pianola) - Aeolian Company, Londres, Themodist T967 (1921)
- *Pulcinella* Pleyel, París, Pleyela 8421 - 8428 (1921)
- *La Consagración de la Primavera* (*Le sacre du printemps*) - Pleyel, París, Pleyela 8429 - 8437 (1921)
- *La consagración de la primavera* (*Le sacre du printemps*) - Aeolian Company, Londres, Themodist T24150 - T24153 (1921)
- *Piano-Rag-Music* - Pleyel, París, Pleyela 8438 (1921)
- *Ragtime* - Pleyel, París, Pleyela 8450 (1921)
- *Petrushka* - Pleyel, París, Pleyela 8441 - 8447 (1922)
- *Le chant du rossignol (El canto del* ruiseñor) - Pleyel, París, Pleyela 8451 - 8453 (1922/3)
- *Tres cuentos para niños* - Pleyel, París, Pleyela 8454 (1922/3)
- *Quatre chants russes* (*Cuatro canciones rusas)* - Pleyel, París, Pleyela 8455 (1922/3)
- Concertino - Pleyel, París, Pleyela 8456 (1923)

- *Les Noces (Las Bodas)* - Pleyel, París 8831 - 8834, 8861 (1923)
- *El pájaro de fuego* (*L'oiseau de feu*) - Pleyel, París, Pleyela 10039 - 10045 (1926)
- *El pájaro de fuego* (*L'oiseau de feu*) - Aeolian Company, Londres, Duo-Art D759 - D769 (1929)

Arreglos y transcripciones
- *Las sílfides* (según Chopin) (1909)
- *Canción de los barqueros del Volga* (1917)
- *Estribillo del prólogo de "Boris Godunov"* (1918)
- *Marsellesa* (1919) para violín solo
- *The Star-Spangled Banner* (1941)
- *Bluebird Pas de Deux*, de Pyotr Ilyich Tchaikovsky (1941)
- Canzonetta Jean Sibelius (1963)
- Dos canciones sacras del *Spanisches Liederbuch* de Hugo Wolf (1968)
- Cuatro preludios y fugas del *Clave bien temperado* de Bach (1969)

Ballets con música de Stravinsky
- *Danses concertantes*
- *La jaula* (1951) al Concierto en re
- *Octeto* (1958) al Octeto
- *Monumentum pro Gesualdo* (1960) al *Monumentum pro Gesualdo di Venosa ad CD annum*

- *Arcade* (1963) al Concierto para piano e instrumentos de viento
- *Cánticos de Réquiem (Robbins)* (1966) a los *Cánticos de Réquiem*
- *Variaciones* (1966) a las Variaciones
- *Cánticos de Réquiem (Balanchine)* (1968) a los *Cánticos de Réquiem*
- *Oda* (1972) a la *Oda*
- *Scènes de ballet* (1972) a las *Scènes de ballet*
- *Sinfonía en Mi* bemol (1972) a la Sinfonía en Mi bemol
- *Sinfonía* en tres movimientos (1972) a la Sinfonía en tres movimientos
- *Élégie* (1982) a la *Élégie* para viola sola
- *Noé y el diluvio* (1982) a *El diluvio*
- *Tango (Balanchine)* (1982) al Tango
- *Tango (Martins)* (1984) al Tango
- *Scènes de ballet* (1999) a las *Scènes de ballet*

Otros libros de United Library

https://campsite.bio/unitedlibrary

Milton Keynes UK
Ingram Content Group UK Ltd.
UKHW022039290324
440241UK00015B/597